꼼꼼꼼꼼
그림수학

꼼꼼꼼꼼 그림수학 ①

0층은 왜 없어?

머리말

수학은 늘 생활 속에 가까이 있어요!

　《꽁멍꽁멍 그림수학》 시리즈의 통통 튀는 두 주인공 꽁멍이와 통통이가 생활 속 곳곳을 누비며 여러분을 신나는 수학의 세계로 데려가 줄 거예요. 우리가 자주 가는 마트, 놀이터, 공원, 학교, 우리 집 속에도 재미있는 수학이 숨어 있거든요. 수학이라고 하니 혹시 벌써 '계산하고 문제를 푸는 것 아냐?' 하고 머리가 아파 온다면 그런 걱정은 떨쳐도 돼요! 꽁멍이와 통통이가 펼치는 배꼽 잡는 만화를 보고, 엉뚱하면서도 궁금해지는 질문을 따라가다 보면, 어느새 '이것도 수학이야? 수학이 재밌네!' 하며 수학과 친해지게 될 테니까요.

　꽁멍이나 통통이처럼 여러분도 생활 속에서 엉뚱한 질문을 많이 해 보길 바랄게요. 당연하다고 여겼던 것들도 '왜?' 또는 '꼭 그래야만 해?'라는 생각으로 다시 보면, 몰랐던 신기한 보물을 발견하게 될지도 모르니까요. 준비되었다면 꽁멍이와 통통이를 만나 봐요!

주인공을 소개합니다

맛있는 딸기 케이크를 먹는 게 제일 좋아! 나와 늘 함께하는 단짝 친구 통통이는 시도 때도 없이 엉뚱한 질문을 해. 가끔은 귀찮기도 하지만, 통통이 덕분에 나는 종종 탐정이 되는 것 같아. 똑똑한 탐정이 되어 수학으로 사건을 해결하고 싶은 내 이름은 꽁멍이야.

남들과 똑같은 건 싫어! 통통 튀는 게 내 매력이지. 내 엉뚱한 질문에 대답해 주는 똑똑한 꽁멍이와 늘 함께 하고 있어. 우당탕탕 실수를 하기도 하지만, 뭐 어때! 나처럼 엉뚱한 생각을 자주 하다 보면 몰랐던 재미를 많이 알게 될 거야. 엉뚱하고 귀여운 나는 통통이라고 해.

차례

머리말   4
주인공을 소개합니다   5

1장 호기심
01 바퀴는 왜 모두 동그라미일까?   8
02 치타가 빠를까? 자동차가 빠를까?   14
03 0층은 왜 없어?   20
04 바닷가 모래는 모두 몇 개일까?   26

2장 나의 몸
05 개와 사람, 누구의 뼈가 더 많을까?   32
06 자가 없어도 길이를 잴 수 있을까?   38
07 거울 속 나, 실제와 같을까? 다를까?   44
08 내 몸이 개미처럼 줄어든다면?   50

3장 내 물건

- **09** 책은 왜 모두 네모 모양일까? — 56
- **10** 어떤 공이 가장 크고 무거울까? — 62
- **11** 책가방, 너무 무거우면 안 돼! — 68
- **12** 2,000원 지폐는 왜 없을까? — 74
- **13** 스마트폰 비밀번호 몇 자리로 만들까? — 80

4장 내가 좋아하는 곳

- **14** 마트 물건은 왜 묶어서 팔까? — 86
- **15** 교통 표지판 모양이 왜 다를까? — 92
- **16** 도서관에서 책을 어떻게 찾을까? — 98
- **17** 시소를 재밌게 타려면 어디에 앉을까? — 104

꽁멍과 통통의 수학 수다 & 퀴즈 — 110

01
바퀴는 왜 모두 동그라미일까?

굴러가는 바퀴는 어떤 모양일까요?

통통이는 특별한 자동차를 만들고 싶어서 바퀴를 세모로 만들었어요. 그런데 꽁멍이는 세모 바퀴는 굴러갈 수 없다며, 완벽한 동그라미로 바퀴를 만들어야 한다고 하네요. 정말 바퀴는 완벽한 동그라미여야 할까요?

동그라미 바퀴는 어떻게 만들어졌을까요?

바퀴가 만들어지기 전에는 무거운 물건을 옮기기가 무척 어려웠어요.

나무, 고무 등 여러 가지 재료로 바퀴가 만들어졌어요. 재료는 다르지만 모양은 모두 완벽한 동그라미예요. 만약 바퀴가 각이 있는 세모, 네모, 별 모양이라면 덜컹거리고 잘 굴러가지 않을 거예요.

? 바퀴가 ●모양이 아닌, ▲모양이나 ▦모양이라면 어떤 일이 일어날까요?

① 덜컹거리고 잘 굴러가지 않는다.
② 바퀴를 만드는 데에 재료가 더 많이 든다.
③ 바퀴를 굴릴 때 힘이 적게 든다.

❶ : 답정

완벽한 동그라미를 그려요!

완벽한 동그라미일수록 바퀴는 잘 굴러가요. 완벽한 동그라미를 수학에서는 '원'이라고 해요. 한 점에서 똑같은 거리에 있는 점을 모두 연결하면 완벽한 동그라미가 되지요.

줄로 완벽한 동그라미를 그려요!

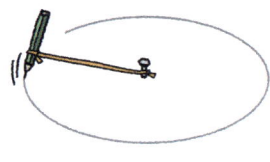

❶ 긴 줄만 있으면 완벽한 동그라미를 그릴 수 있어요.

❷ 먼저 줄의 한 쪽 끝을 고정하고, 반대쪽 어느 지점에 연필을 묶어요.

❸ 줄을 팽팽하게 하면서 연필로 동그랗게 그리면 완벽한 동그라미를 그릴 수 있어요.

동그란 물건으로 완벽한 동그라미를 그려요!

우리 집에는 완벽한 동그라미 모양의 물건이 생각보다 많네!

❶ 집에 있는 완벽한 동그라미 물건을 찾아보세요. 동그란 접시, 냄비 뚜껑, 투명 테이프, 통조림 캔은 모두 완벽한 동그라미 모양이에요.

너무 쉽게 완벽한 동그라미를 그릴 수 있네!

❷ 물건을 대고 가장자리를 따라 연필로 그으면 쉽게 완벽한 동그라미를 그릴 수 있어요.

? 완벽한 동그라미가 있는 물건을 모두 찾아보세요.

❶ 숟가락   ❷ 음료수 캔   ❸ 종이컵   ❹ 선글라스

정답 : ❷ ❸

호기심

치타가 빠를까? 자동차가 빠를까?

누가 빠른지 겨루려면?

달리기 시합을 할 때 누가 빠른지를 겨루려면 어떻게 해야 할까요?
같은 곳에서 출발한 뒤 도착점에 먼저 도착한 사람이 빨라요.

만약 동시에 함께 뛸 수 없다면 누가 빠른지 어떻게 알 수 있을까요?
그럴 때는 똑같은 거리를 뛰었을 때 시간을 잰 다음 비교해요.
시간이 적게 걸린 사람이 더 빨라요.

육상 동물 중 가장 빠른 동물은?

육상 동물 중에서 누가 가장 빠를까요?
달리기에 자신 있는 동물들이 모여 시합을 하기로 했어요.
치타, 말, 타조, 캥거루 등 9마리의 동물이 모였어요.
사람 중 가장 빠른 기록을 갖고 있는 우사인 볼트도 왔어요.
자, 이제 100미터 달리기 시합을 합니다. 누가, 누가 빠를까요?

100미터 달리기 시합 결과, 가장 먼저 도착한 동물은 치타였어요. 두 번째로 빠른 동물은 말, 그 다음은 타조였어요. 사람 중 가장 빠른 기록을 갖고 있는 우사인 볼트는 10등이었어요.

100m 달리기 시합 결과

1. 5번 레인 치타 3.0초
2. 1번 레인 말 5.0초
3. 9번 레인 타조 5.2초
4. 6번 레인 캥거루 5.5초
5. 8번 레인 토끼 5.6초
6. 10번 레인 사자 6.2초
7. 2번 레인 곰 6.4초
8. 3번 레인 기린 7.1초
9. 7번 레인 코끼리 9.2초
10. 4번 레인 우사인 볼트 9.58초

? 100미터 달리기 시합에 나간 9종류의 동물 중에서 세 번째로 빠른 동물과, 두 번째로 느린 동물은 누구인지 고르세요.

정답: ❷

치타와 자동차의 달리기 시합, 그 결과는?

치타와 자동차 중에서 누가 더 빠른지 어떻게 알 수 있을까요?
치타와 자동차를 따로 따로 같은 거리를 뛰게 한 다음,
시간을 재서 비교하면 알 수 있어요. 이런 걸 '속력'이라고 해요.
1초당 간 거리는 '초속', 1시간당 간 거리는 '시속'이라고 하지요.

내가 달린 속력은 초속 33.33미터야.
시속은 약 120킬로미터지!

0층 있을까요, 없을까요?

엘리베이터의 수 버튼은 층수를 나타내요. 10층에 가고 싶다면 '10' 버튼을 누르지요. 엘리베이터 버튼 중에서 가장 작은 수는 1이에요. 통통이 말대로 한 층을 올라가지 않았는데도 0층이라고 하지 않고, 1층이라고 하는 이유는 뭘까요?

찾았다, 0층!

0층이 있는 나라도 있어요. 유럽의 대부분의 나라에서는 우리나라의 1층을 0층으로 나타내고 있답니다.

잠깐 상식

지하 1층은 왜 'B1'으로 나타낼까요? 알파벳 B는 'Basement(지하)' 또는 'Below Ground(땅 아래)'의 앞 글자를 쓴 것이에요. -1, -2로 쓰지 않고 B1, B2와 같이 쓴답니다.

0층이 있는 나라도 있구나!

우리나라와 일본, 미국은 1층부터 시작하고, 유럽의 여러 나라는 0층부터 층을 세고 있어요.

유럽엔 0층이 있네! 난 유럽 체질!

우리나라에서 1층은 유럽 나라에서 몇 층으로 나타낼까요?

① B1층 ② 0층 ③ 1층 ④ 2층

정답 : ②

숫자 '0'은 언제부터 썼을까요?

아무 것도 없는 상태를 뜻하는 숫자 '0'은 약 1500년 전 인도에서 처음 사용했어요. 그 전까지는 0이란 수 대신 아무 것도 없는 것을 ○이나 ●를 사용해서 나타냈어요.

인도에서는 아무 것도 없음을 나타내는 기호를 '텅 비었다'는 뜻의 '슈나(sunya)'라고 불렀어요. 이 슈나를 숫자 '0'으로 나타내면서 0부터 9까지의 10개의 숫자를 사용하는 십진법이 완성되었어요. 또 0을 기준으로 양수와 음수도 나뉘게 되었어요.

아주 오래 전부터 사람들은 수의 시작을 1이라고 생각했어요. 그래서 0을 시작으로 보는 것이 낯설었던 건 아닐까요? 0살, 0층이라는 표현보다 1층, 1살이라는 표현이 익숙하니까요.

04
바닷가 모래는 모두 몇 개일까?

모래알 개수를 셀 수 있을까요?

모래성 쌓기 시합에서 이기려고 생각해 낸 거지만, 통통이의 질문대로 바닷가에 작은 모래알이 몇 개인지 정말 셀 수 있을까요?

모래알을 세려면 큰 수를 알아야 해!

모래알을 세려면 수 세기를 해야 해요. 아주 큰 수를 세어야 하지요. 일, 십, 백, 천, 만…… 함께 큰 수를 세어 보아요.

일(1)
십(10)
백(100)
천(1,000)
만(10,000)
십만(100,000)
백만(1,000,000)
천만(10,000,000)
억(100,000,000)

한 큰술 가득한 모래알

100만 개

종이컵 한 컵 가득한 모래알

2천만 개

모든 모서리가 1미터인 상자에 꽉 찬 모래알

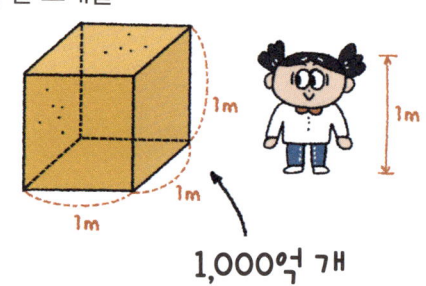

1,000억 개

큰 수를 표현할 때 10을 몇 번 곱했는가에 따라 10 위에 작은 수로 표시해요.
0이 많아서 다 쓰는 게 너무 힘들고, 헷갈리기 때문이에요.
1억은 10을 무려 8번 곱한 수예요. 100,000,000으로 쓰거나, 10^8로도 쏜답니다. 지금부터 나오는 큰 수는 0이 무척 많으니까
두 눈을 크게 뜨고 0이 몇 개인지 잘 세어 보세요.

조(1,000,000,000,000) = 10^{12}

경(10,000,000,000,000,000) = 10^{16}

해(100,000,000,000,000,000,000) = 10^{20}

꿍멍아, 나 좀 잡아 줘. 0이 너무 많아서 어지러워.

이렇게 큰 수가 있다니!

? 작은 것부터 큰 순서대로 나타낸 것을 고르세요.

❷ 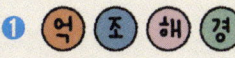   ❸

정답 : ❷

우주 전체를 모래알로 채우려면 몇 개가 필요할까요?

아르키메데스는 모래알로 우주 전체를 가득 채울 때 모래알이 몇 개일지를 결국 계산해 냈어요. 아르키메데스가 구한 모래알의 개수는 8×10^{63}이라는 엄청나게 큰 수였어요.
10을 20번 곱한 '해'보다도 훨씬 더 큰 수예요.

물론, 오늘날의 과학으로 밝혀낸 것에 따르면 모래알이 8×10^{63}개가 있어도 우주 전체를 채울 수 없다고 해요. 하지만 아르키메데스는 모래알의 개수를 센다는 엉뚱한 생각을 직접 계산해 보며, 큰 수의 위대함과 신비로움을 많은 사람들에게 알렸답니다.

호기심

큰 수를 표현하는 여러 가지 말이 있어요.

큰 수를 표현하는 말, 말, 말!

불가사의
인간의 생각으로 도저히 헤아릴 수 없는 놀라운 일을 뜻할 때 주로 쓰는 말이에요. 불가사의가 나타내는 수는 10을 64번 곱한 것으로, 10^{64}랍니다.

세계 7대 불가사의
전 세계에서 사람이 만든 놀랍고 경이로운 건축물 7개를 뜻해요. 고대 이집트의 피라미드는 세계 7대 불가사의 중 하나예요.

무량대수
헤아릴 수 없는 큰 수를 뜻해요.
'불가사의' 보다도 10을 4번이나 더 곱한 수지요.
무량대수는 10을 무려 68번 곱한 것으로, 10^{68}이랍니다.

05 개와 사람, 누구의 뼈가 더 많을까?

강아지의 뼈, 몇 개일까요?

등뼈가 있는 동물을 척추동물이라고 해요. 동물에 따라 뼈의 개수도 달라요. 개는 동물 중에서도 뼈의 개수가 많은 동물이에요. 개의 뼈 개수는 무려 319개랍니다.

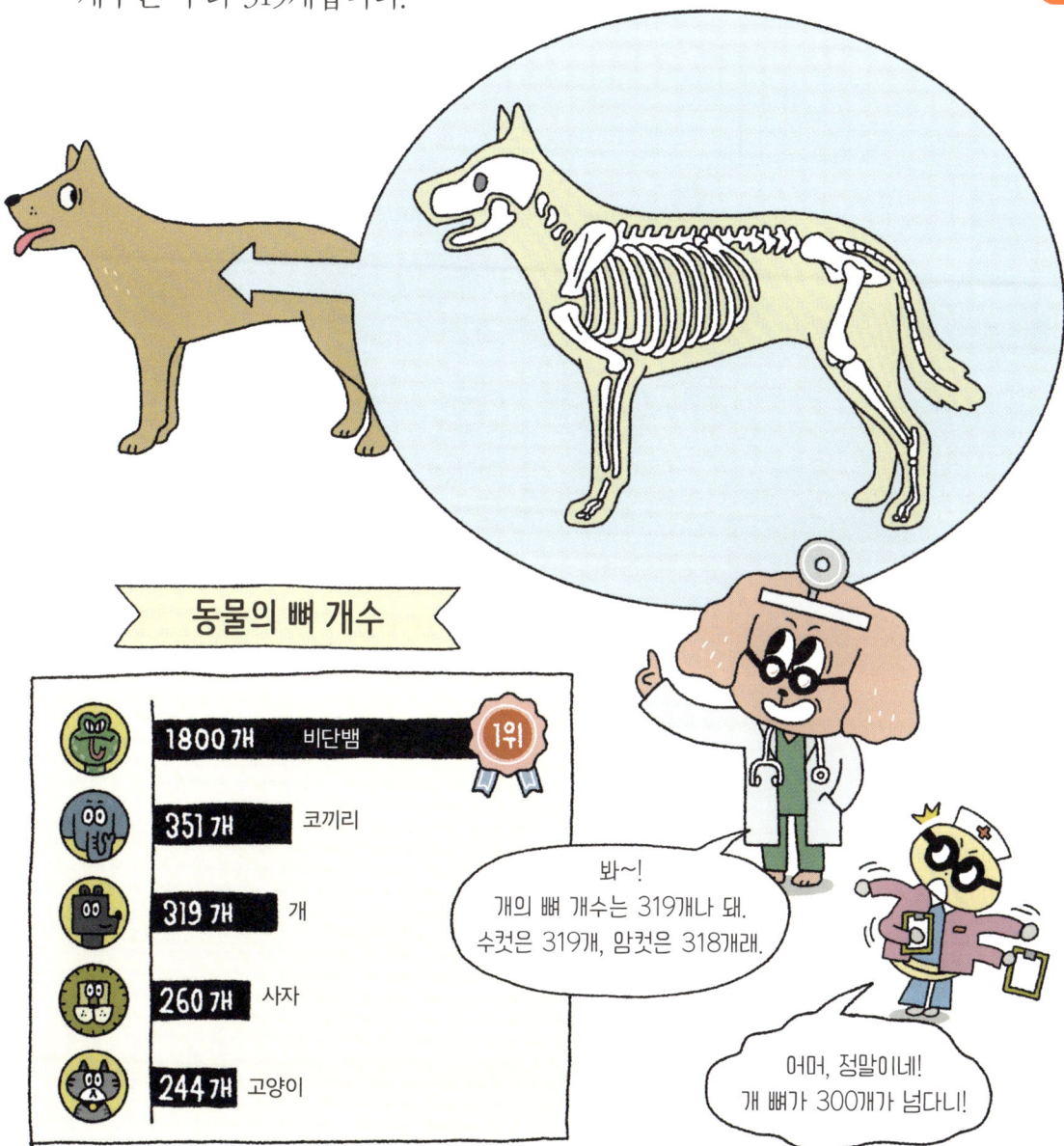

동물의 뼈 개수

동물	개수	
비단뱀	1800개	1위
코끼리	351개	
개	319개	
사자	260개	
고양이	244개	

봐~! 개의 뼈 개수는 319개나 돼. 수컷은 319개, 암컷은 318개래.

어머, 정말이네! 개 뼈가 300개가 넘다니!

어른과 어린이, 누구 뼈가 더 많을까요?

사람의 뼈는 몇 개일까요? 다 자란 어른의 뼈 개수는 206개예요. 어린이는 약 300개, 갓 태어난 아기는 약 350개로 어릴수록 뼈의 개수가 많아요. 어린이는 어른보다 몸이 작은데, 왜 뼈가 더 많을까요?

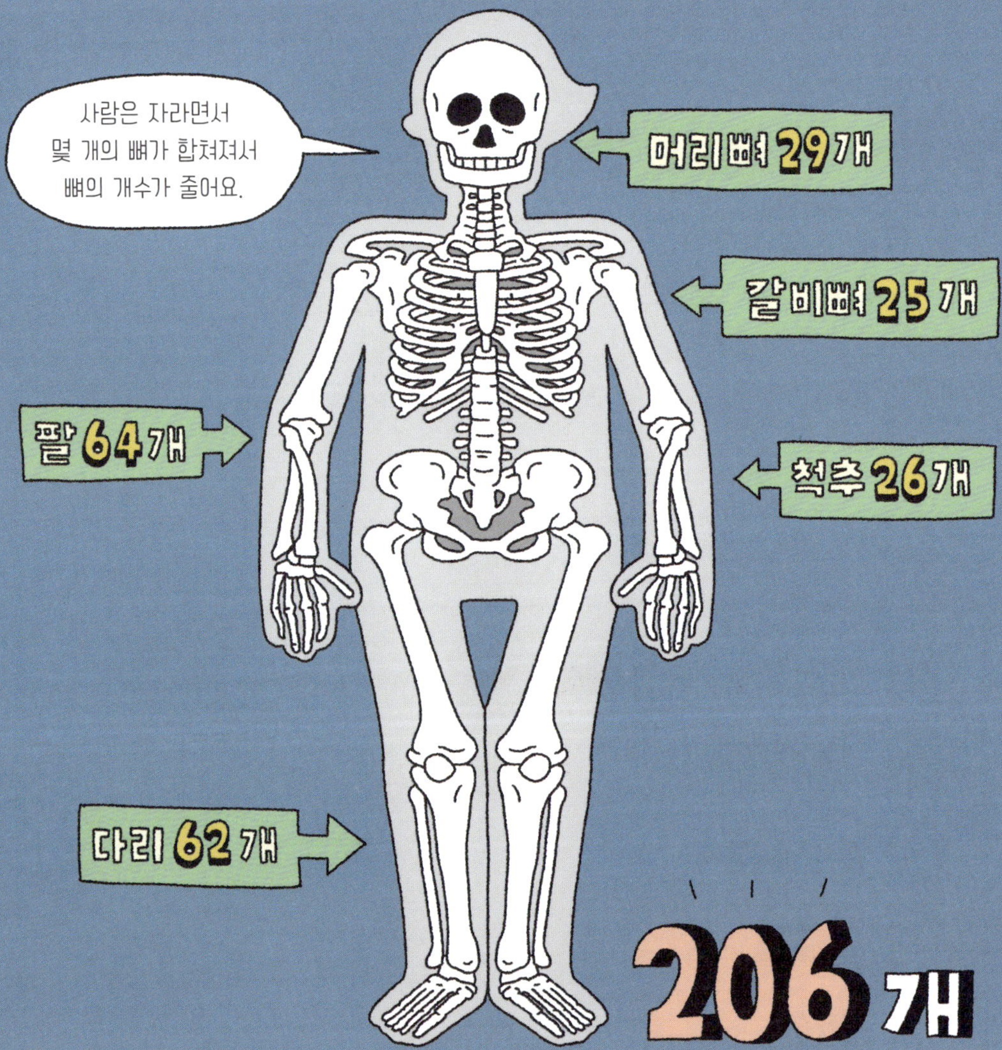

사람은 자라면서 몇 개의 뼈가 합쳐져서 뼈의 개수가 줄어요.

- 머리뼈 29개
- 갈비뼈 25개
- 척추 26개
- 팔 64개
- 다리 62개

206개

뼈의 개수가 적은 것부터 많은 순으로 번호를 적어 보세요.

 아기　 어른　 강아지　 어린이

정답: ②-④-③-①

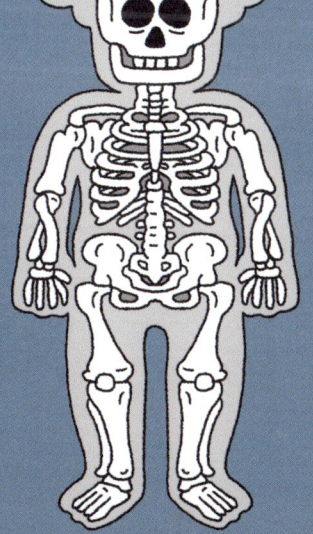
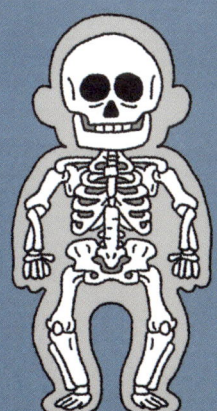
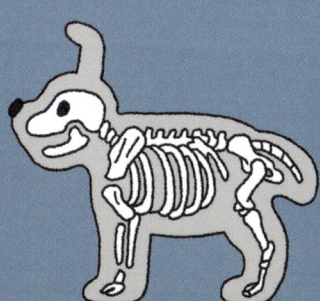

약 300개　약 350개　약 319개

궁금해요! 내 몸의 뼈 Q&A

우리 몸의 뼈에 대해 궁금한 것을 알아봐요.

Q. 몸에서 가장 뼈가 많은 곳은 어디일까요?

A. 손

한 쪽 손에만 27개의 뼈가 있어요. 두 손에 있는 뼈의 개수를 더하면 54개예요. 우리는 손으로 여러 가지 일을 해야 하는데 뼈가 많아서 좋지요. 손 다음으로 뼈가 많은 부위는 발이에요. 각각의 발은 26개의 뼈로 이뤄져 있어요.

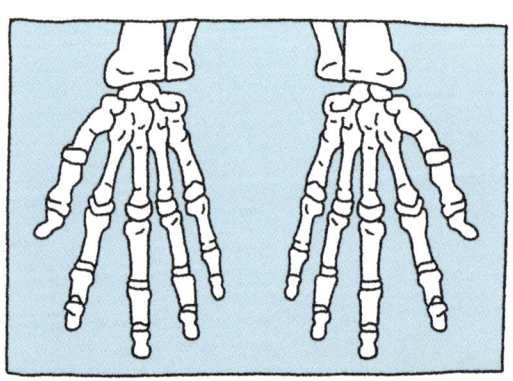

사람은 손에 뼈가 많아서 손으로 할 수 있는 게 많구나. 그래도 몸 전체 뼈는 우리가 더 많아.

어쩐지, 사람들이 손으로도 벌레를 잘 잡더라고. 흑흑!

Q. 가장 큰 뼈는 무엇일까요?

A. 허벅지 뼈

가장 큰 뼈는 무릎과 엉덩이를 이어주는 허벅지 뼈예요.

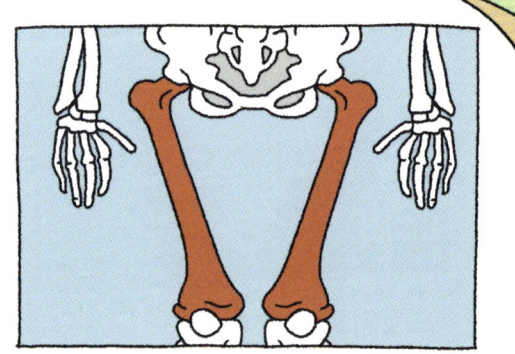

Q. 가장 작은 뼈는 무엇일까요?

A. 귓속의 청소부 '이소골'

이 뼈는 작은 뼈 3개로 이뤄져 있어요. 가장 오른쪽에 있는 뼈를 '등자뼈'라고 해요. 2~3밀리미터 정도로 손가락 위에 놓아도 아주 작은 크기랍니다. 이 뼈는 아주 작지만, 소리를 크게 만드는 중요한 역할을 해요.

어머! 사람 귀 안에는 나처럼 작고 귀여운 뼈가 있구나! 하지만 아~~주 중요하니까 작다고 얕보면 안 돼!

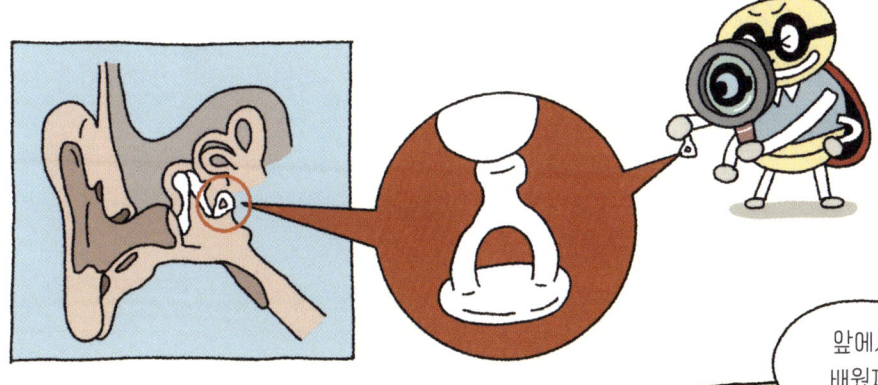

앞에서 배웠지!

Q. 아기가 어른이 되면 뼈의 개수가 줄어들까요?

A. 태어날 때 척추뼈는 33개예요. 척추뼈 중에서 엉덩이 쪽의 뼈 5개가 1개로 줄고, 꼬리뼈 4개가 1개로 줄어요. 33개였던 척추뼈는 어른이 되면 26개가 된답니다.

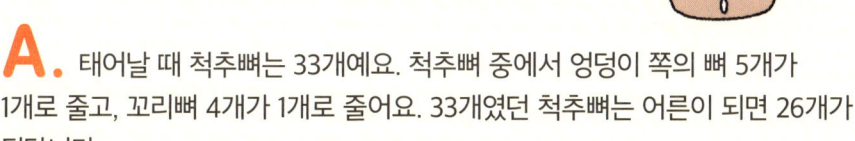

? 우리 몸에서 가장 뼈가 많은 부위는 손으로 한 쪽 손에 있는 뼈의 개수는 ■개예요. 그 다음으로 개수가 많은 부위는 발이고, 한 쪽 발에 있는 뼈의 개수는 ●예요.

■ - ●의 값은 얼마인가요?

정답 : 27-26=1

06
자가 없어도 **길이를 잴 수 있을까?**

길이는 어떻게 잴까요?

어떤 물건의 한쪽 끝에서 다른 끝까지의 거리를 '길이'라고 해요.
길이를 재려면 길이를 재는 도구인 '자'가 필요해요.
또 길이를 재는 '단위'를 알아야 해요.

길이 단위를 알아봐요!

1킬로미터(km) = 1000미터(m)
1미터 = 100센티미터(cm)
1센티미터 = 10밀리미터(mm)

우리나라에서는 길이의 단위로 '미터법'을 쓰고 있어요

우리 몸에 자가 있다고요?

옛날에는 길이를 재는 '자'가 없었어요. 그래서 사람들은 몸을 이용해 길이를 재곤 했어요.

고대 이집트 사람들도 몸으로 길이를 쟀대요!

서양에서는 우리나라와 다른 '인치', '피트'와 같은 길이 단위를 쓰고 있어요. 이런 단위는 고대 이집트에서부터 시작되었어요. 고대 이집트에서는 파라오 왕을 기준으로 삼았어요.

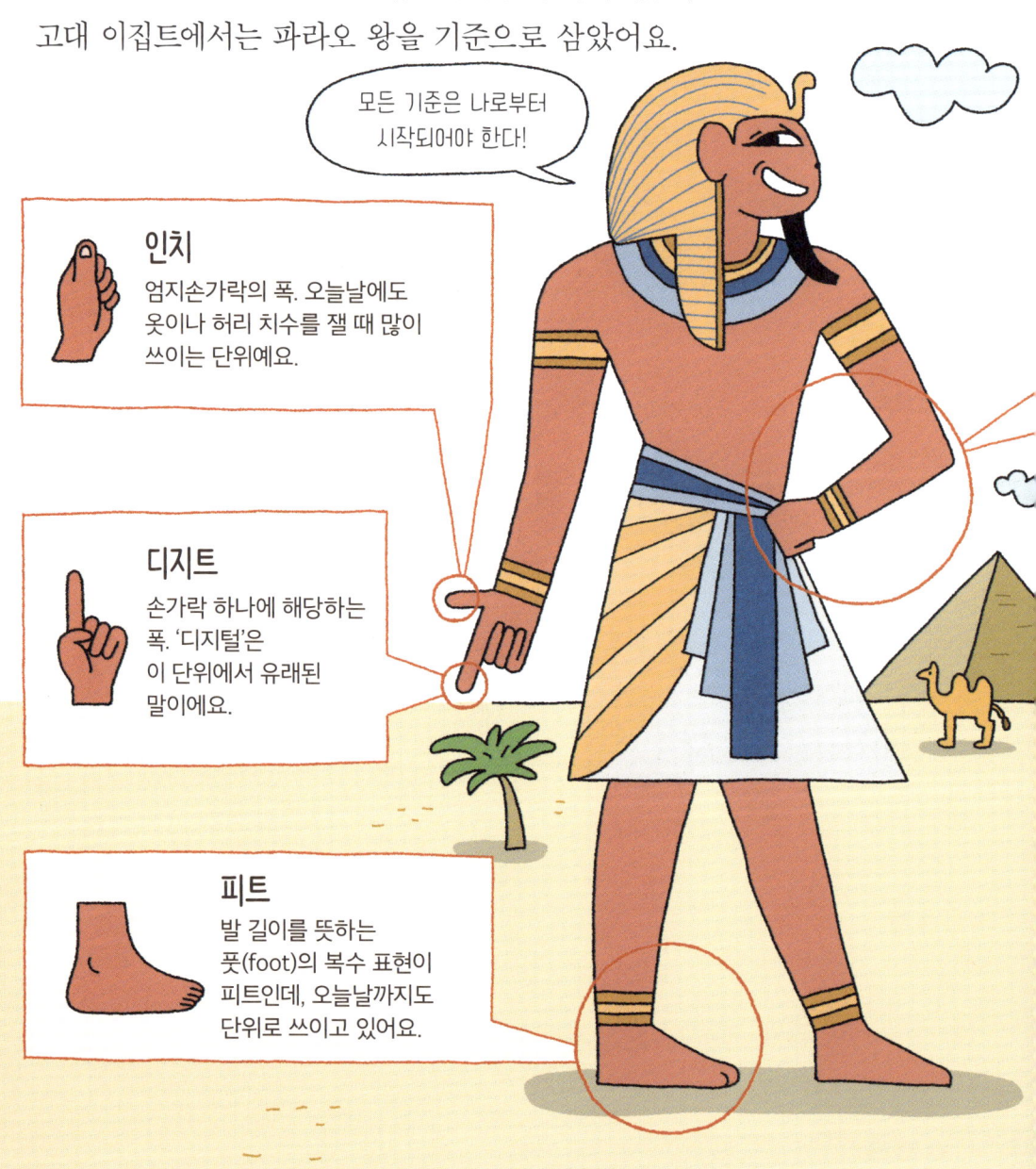

모든 기준은 나로부터 시작되어야 한다!

인치
엄지손가락의 폭. 오늘날에도 옷이나 허리 치수를 잴 때 많이 쓰이는 단위예요.

디지트
손가락 하나에 해당하는 폭. '디지털'은 이 단위에서 유래된 말이에요.

피트
발 길이를 뜻하는 풋(foot)의 복수 표현이 피트인데, 오늘날까지도 단위로 쓰이고 있어요.

인치와 피트를 센티미터로 나타내면?
1인치(inch) = 2.54센티미터
1피트(feet) = 30.48센티미터

큐빗
팔꿈치 끝에서 가운데 손가락 끝까지의 길이.
피라미드를 건축할 때 큐빗의 길이를 사용했어요.

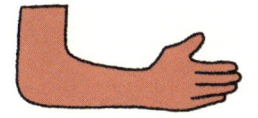

맞아, 통통아! 몸을 이용해서 길이를 재는 건 언제든지 쉽게 길이를 잴 수 있지만, 정확하게 잴 수 없어. 내 멀리뛰기 기록을 정확하게 재려면 자를 갖고 올게!

꼼멍아, 난 작고, 넌 크니까 나의 큐빗과 너의 큐빗은 많이 다르잖아?

나의 몸

? 빈칸에 알맞은 단어는 무엇인지 보기에서 골라 써 보세요.

디지트와 인치는 신체 부위 중 ☐을 이용한 단위이고, 피트는 ☐을 이용한 단위예요. 또 큐빗은 ☐끝에서 가운데 손가락 끝까지의 길이를 뜻하는 단위예요.

정답 : ❸ ❶ ❷

07 거울 속 나, 실제와 같을까? 다를까?

거울을 세워서 비추면 어떻게 될까요?

거울은 빛을 반사해 물건의 모양을 비추는 물건이에요. 사각형 거울을 세워서 그림을 비추면 어떻게 될까요?

나비 한쪽 날개를 그리고 거울을 세워 비추면 거울 속에 그림과 똑같은 날개가 비춰져요. 이처럼 점이나 선, 면을 사이에 두고 같은 거리에서 마주보고 있는 것을 **'대칭'**이라고 해요.

꽁멍아, 너랑 나도 대칭 아닐까?

실제로도 나비는 왼쪽과 오른쪽 날개가 똑같아. 그런 걸 대칭이라고 하는구나!

내 몸과 얼굴도 대칭일까요?

화려한 날개가 매력적인 나비는 양쪽에 똑같은 모양의 날개를 가지고 있어요. 어떤 기준에 의해 왼쪽과 오른쪽이 똑같을 때, '좌우 대칭'이라고 해요. 우리 몸도 좌우 대칭일까요?

나도 좌우 대칭이네!

나도, 나도!

좌우 대칭 기준 선
우리 몸은 코와 배꼽을 잇는 세로 선을 기준으로 좌우가 똑같아요. 양쪽에 팔과 다리가 있고, 눈과 눈썹도 각각 2개, 귀도 2개예요. 대칭을 이루고 있어요.

하지만 우리 몸과 얼굴이 완벽한 좌우 대칭은 아니에요.
얼굴의 오른쪽과 왼쪽이 완벽하게 똑같은 사람은 없으니까요.

? 다음 중 좌우 대칭이 되는 모양, 글자, 숫자를 모두 찾아보세요.

①    ②    ③   ④   ⑤

정답 : ❶ ❷ ❸

거울 속 내 모습은 같을까요? 다를까요?

거울에 어떤 것을 비추면 모양과 크기가 똑같은 모습으로 거울 속에 비춰져요. 그런데 정말 거울 속의 모습이 실제 모습과 똑같을까요? 거울 속의 모습을 꼼꼼하게 살펴봐요.

거울 밖에서 왼손을 들고 있어요. 거울 속에서도 왼손을 들고 있는 것처럼 보이지만, 자세히 살펴보면 거울 속에서는 왼손이 아니라 오른손을 들고 있어요. 거울을 비추면 **좌, 우가 바뀌는 것**처럼 보인답니다. 거울이 갖고 있는 특징이에요.

여자 아이가 거울 앞에서 자신의 모습을 보고 있어요.
거울에 비친 모습을 골라 보세요.

❶ : 답정

내 몸이 개미처럼 줄어든다면?

개미처럼 줄어들려면 얼마나 줄어야 할까요?

어린이의 키를 100센티미터, 개미의 길이를 1센티미터라고 한다면, 개미 100마리가 있어야 어린이의 키가 돼요. 개미는 어린이만큼 길어지려면 100배 길어져야 하고, 어린이가 개미처럼 줄어들려면 $\frac{1}{100}$배 만큼 줄어들어야 해요.

개미 길이의 몇 배일까요?

개미와 여러 동물의 길이를 비교해 봐요. 몇 배 길어져야 할까요? 몇 배로 줄어들어야 할까요? 개미를 기준으로 다른 동물이 몇 배 긴지, 또 몇 배 짧은지 곱셈(또는 나눗셈)을 이용해 알아봐요.

기준: 개미 — 1센티미터

다람쥐 15센티미터
➡ 개미의 15배, 개미는 다람쥐의 $\frac{1}{15}$ 배

벌레 (통통이) 5센티미터
➡ 개미의 5배, 개미는 통통이의 $\frac{1}{5}$ 배

개 (꽁멍이) 50센티미터
➡ 개미의 50배, 개미는 꽁멍이의 $\frac{1}{50}$ 배

꽁멍아, 네가 나보다 10배나 길어!

그럼 통통이가 날 볼 때, 내가 나보다 10배 긴 기린을 보는 것 같은 기분인 건가?

두 동물의 키를 비교할 때, 뺄셈을 해요!

두 동물의 크기를 비교하는 또 다른 방법으로는 '뺄셈'을 이용하는 것이에요. 두 동물의 키를 잰 다음, 개미와 동물의 키 차이를 알아 봐요. 뺄셈을 이용한 비교는 단순히 길이 비교만을 할 수 있어요.

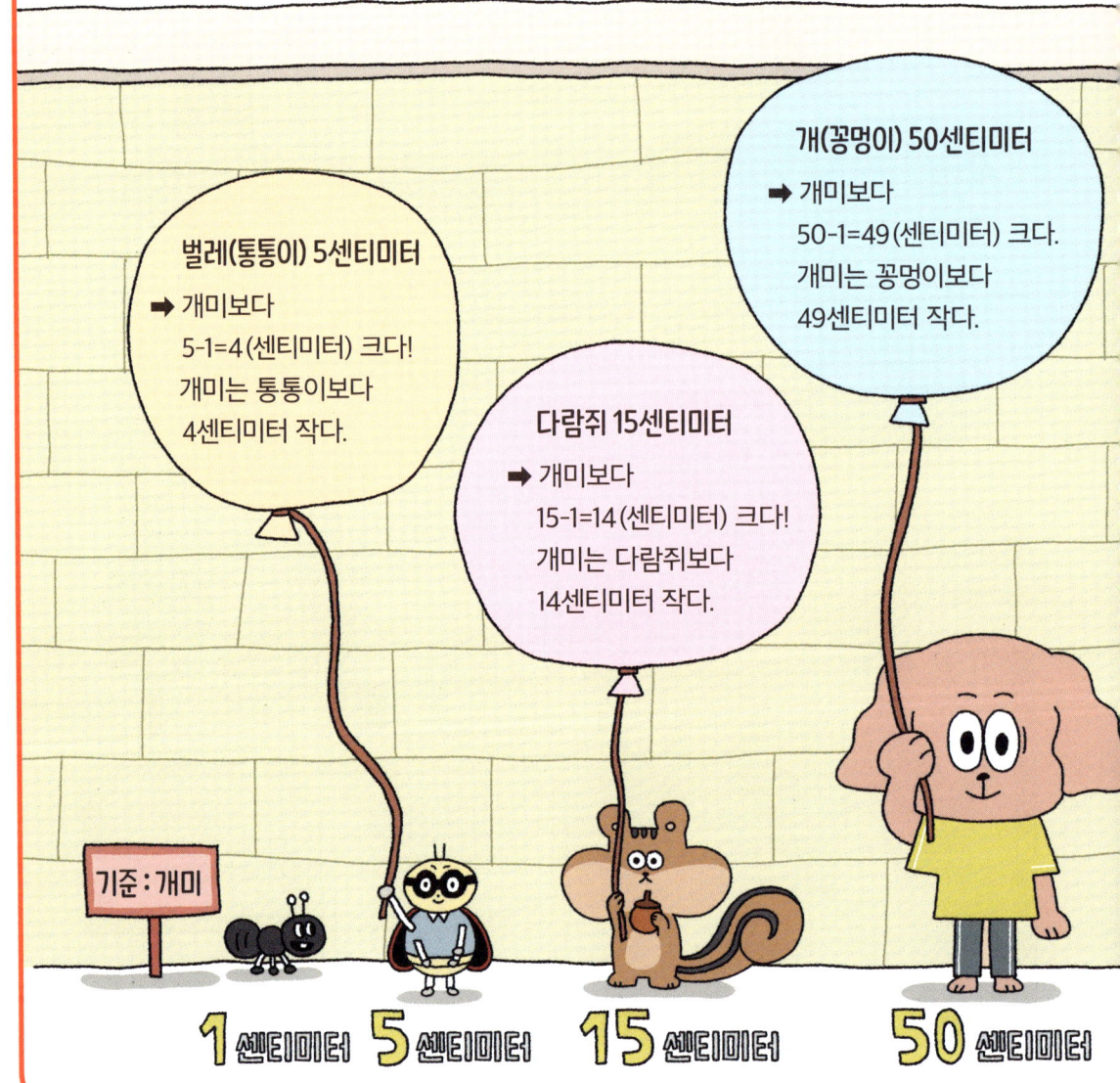

벌레(통통이) 5센티미터
➡ 개미보다
5-1=4(센티미터) 크다!
개미는 통통이보다
4센티미터 작다.

다람쥐 15센티미터
➡ 개미보다
15-1=14(센티미터) 크다!
개미는 다람쥐보다
14센티미터 작다.

개(꽁멍이) 50센티미터
➡ 개미보다
50-1=49(센티미터) 크다.
개미는 꽁멍이보다
49센티미터 작다.

기준: 개미

1센티미터   5센티미터   15센티미터   50센티미터

책은 왜 모두 네모 모양일까?

책은 어떤 모양일까요?

책꽂이에 많은 책이 놓여 있어요. 책은 모두 어떤 모양인가요?

책은 상자 모양이랑 똑같아. 상자 모양은 직사각형이 6개로 이뤄져 있어. 이런 도형을 '직육면체'라고 해.

그러고 보니 책도 상자처럼 직사각형이 6개네!

왜 같은 모양의 책이 많을까요?

책의 종류에 따라 크기와 모양이 달라요. 그렇지만 대부분의 책은 모양이 비슷해요. 책 중에서 많이 볼 수 있는 사각형을 찾아보세요.

내 물건

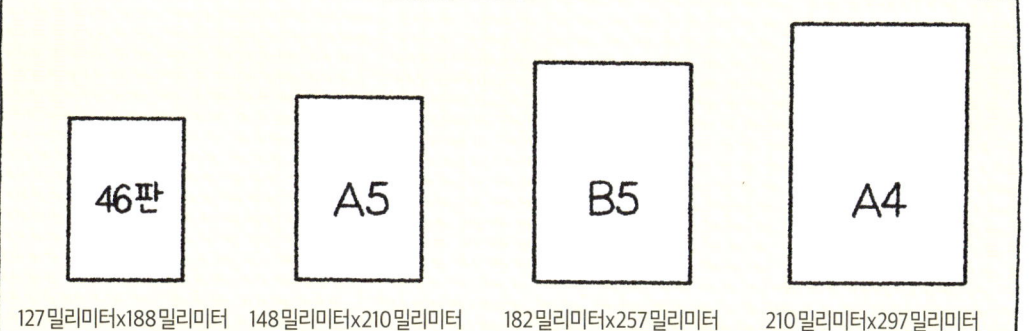

46판	A5	B5	A4
127밀리미터x188밀리미터	148밀리미터x210밀리미터	182밀리미터x257밀리미터	210밀리미터x297밀리미터

세로 길이 ÷ 가로 길이 = 1.4

책에서 자주 볼 수 있는 사각형은 (세로 길이) ÷ (가로 길이)를 하면 약 1.4의 값이 나와. 가로보다 세로가 조금 더 긴 사각형이야.

책이 크기도 모양도 비슷하면 정리하기도 편해. 하지만 어린이 책에는 이렇게 길쭉한 책도 있고, 색종이처럼 정사각형 책도 있어서 보는 재미가 있어.

? 우리 집에 있는 책을 한 권 골라서 가로와 세로 길이를 자로 재 보세요. 가로와 세로가 각각 몇 센티미터 인가요? 가로와 세로의 길이를 비교해 보세요.

가로 ☐ 센티미터   세로 ☐ 센티미터

가로의 길이와 세로의 길이가 (다르다, 같다)

10 어떤 공이 가장 크고 무거울까?

공은 왜 모두 모양이 같을까?

축구, 농구, 배구, 야구, 테니스, 탁구, 골프의 공통점은 모두 공을 이용한 운동이라는 점이에요. 공은 왜 모두 동그란 모양일까요?

동그란 모양의 공은 뾰족한 부분이 없어서 잘 굴러가. 또 뱅글뱅글 여러 방향으로 움직여.

동그랗지 않은 공도 있어! 배드민턴공은 고깔모자 같고, 럭비공은 꼭 아몬드처럼 길쭉한데!

크기, 무게, 통통 튀는 것도 가지각색인 공, 공, 공!

대부분의 공은 동그란 모양이지만, 운동에 따라 크기, 재질, 무게, 튀는 정도가 모두 달라요. 가장 크거나 작은 공, 무겁거나 가벼운 공, 통통 잘 튀는 공은 무엇일까요?

내가 큰 걸로는 1등!
지름이 24센티미터인 **농구공**은 여러 공들 중에서 가장 큰 공이에요.

작고 가볍고 통통 튀는 건 나야 나!
지름이 4센티미터, 무게는 2.7그램에 가장 작고 가벼운 **탁구공**이에요. 또 바닥에 떨어뜨렸을 때 가장 높이 통통 튀어 오르는 공이에요.

월드컵마다 새로운 공을 선보이니까!
축구는 공을 찰 때 공이 어떻게 움직이는지, 또 공을 어떻게 다루는지가 무척 중요해요. 4년마다 열리는 월드컵에서는 더 동그랗고 경기에 알맞은 **축구공**을 만들고 있어요.

울퉁불퉁하다고 놀리지 마!
골프공은 다른 공과는 달리 겉면이 울퉁불퉁해요. 매끈한 공보다 오히려 울퉁불퉁한 공이 더 멀리 날아가기 때문이에요.

축구공과 농구공, 어떻게 다를까요?

축구공과 농구공은 크기도 비슷하고, 통통 튀어 오르는 정도도 꽤 비슷해요. 축구공과 농구공은 어떤 점이 다를까요?

축구공 프로필

지름 : 22센티미터

무게 : 420~445그램

난 주로 운동장에서 지내. 사람들이 차는 대로 데굴데굴 움직이고, 멀리 날아 움직일 수도 있어. 바람의 저항을 받지 않아야 되기 때문에 매끈한 가죽으로 만들어. 어때? 가장 멋진 공은 나야 나!

꽁멍아, 그러니까 농구공으로 축구하면 안 되는 거 이제 알겠지?

축구공과 농구공이 비슷해 보여서 공을 바꿔 써도 되는 줄 알았는데, 다른 점이 생각보다 많네!

농구공 프로필

지름 : 24센티미터

무게 : 567~650그램

넌 밖에서 뛰느라 힘들겠다. 난 대부분 춥지도 덥지도 않은 실내에서 지내. 공 중에서 가장 크고, 색깔도 주황색으로 눈에 잘 띄지! 손에서 미끄러지지 않게 오돌토돌한 가죽으로 만든 것도 나만의 개성이야, 훗!

내 물건

? 축구공과 농구공을 비교해서 설명한 것이에요. 잘못된 것을 고르세요.

① 농구공이 축구공보다 더 크다.

② 농구공이 축구공보다 더 무겁다.

③ 농구공 표면은 매끄럽다.

④ 축구공과 농구공 모두 뾰족한 부분이 없다.

정답 : 3

11
책가방, 너무 무거우면 안 돼!

누구의 책가방이 더 무거울까요?

책가방의 무게를 재기 위해 저울 위에 올려 보았어요.
누구의 책가방이 더 무거울까요?

책가방에 무엇이 들어 있나요?

책가방에는 어떤 물건이 들어 있나요? 책가방에 들어 있는 물건을 모두 꺼내 각각의 무게를 재 봐요.

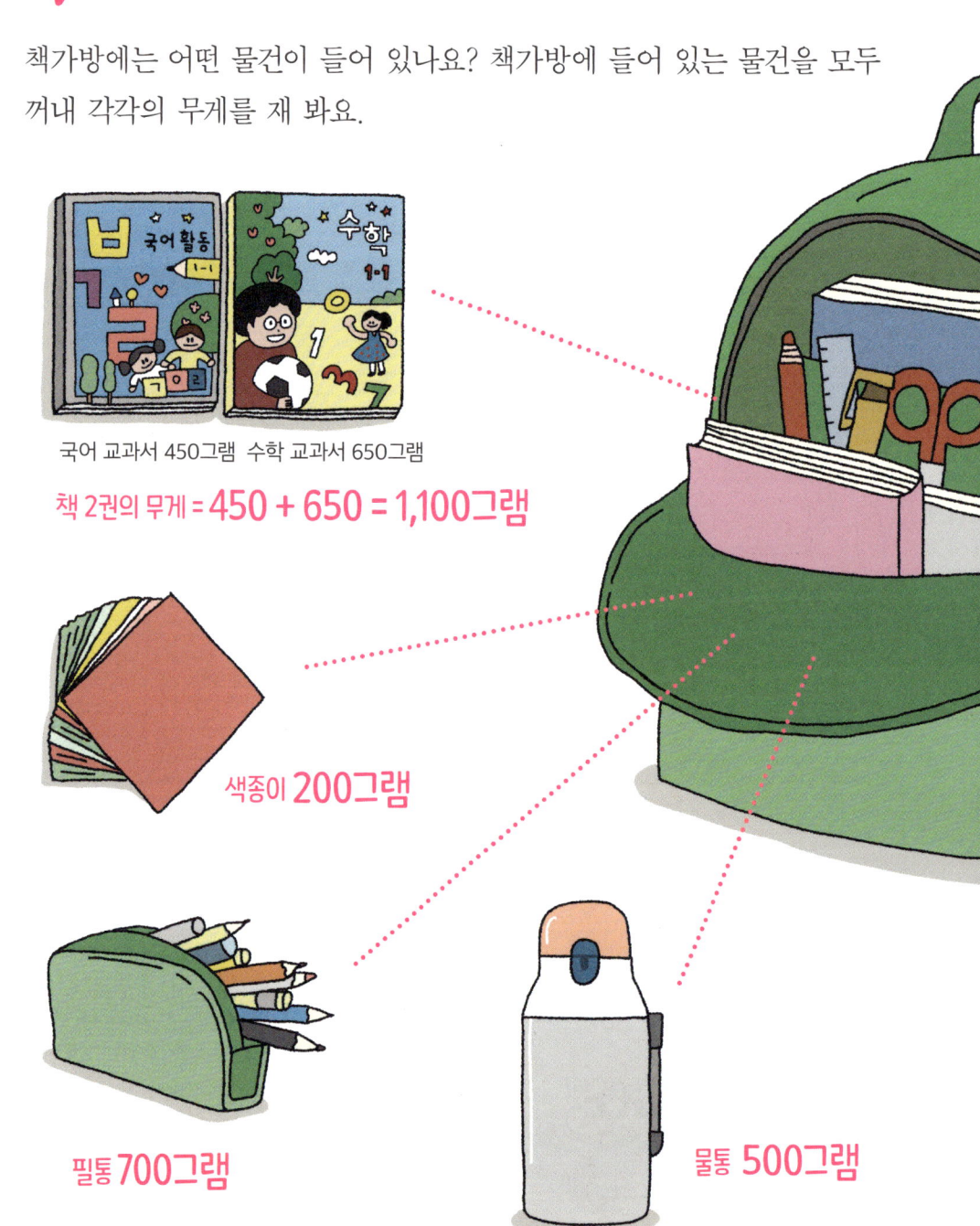

국어 교과서 450그램 수학 교과서 650그램

책 2권의 무게 = 450 + 650 = 1,100그램

색종이 200그램

필통 700그램

물통 500그램

공책 4권=150+150+150+150=600그램

실내화 300그램

공책 1권의 무게 150그램

학교 갈 때 필요한 준비물을 모두 넣어 보니 무게가 4킬로그램이나 되네! 무겁겠다.

내 물건

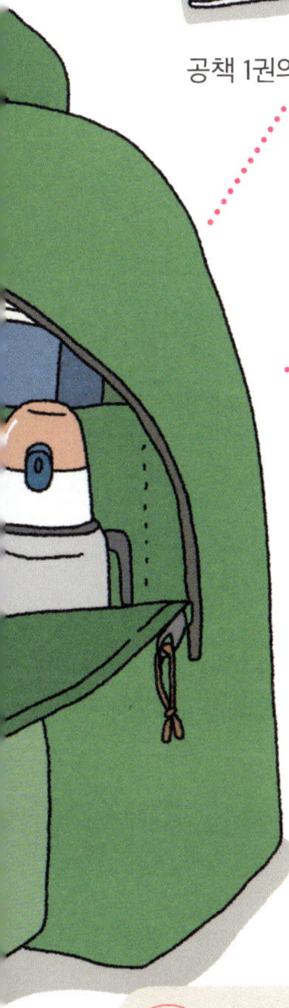

책가방 전체의 무게는?

빈 책가방(600그램) + 책 2권(1,100그램) + 공책 4권(600그램)
+ 필통(700그램) + 물통(500그램) + 색종이(200그램)
+ 실내화(300그램) = 4,000그램 = 4킬로그램

*1,000그램 = 1킬로그램

어휴~. 난 가방 무거워서 학교 못 다닐 거 같아.

? 책가방이 너무 무거워서 실내화는 학교에 두고 다니고, 수학 교과서와 공책 2권을 가방에서 꺼냈어요. 책가방의 무게는 몇 그램인가요?

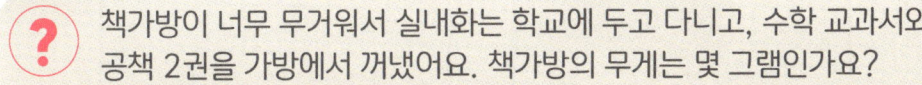

❶ 2,750그램
❷ 3,050그램
❸ 3,200그램

정답 : ❶ 4,000 − 300 − 650 − 300 = 2,750그램

적당한 책가방 무게는 얼마일까요?

책가방 무게는 어느 정도가 적당할까요? 책가방의 무게는 몸무게의 약 $\frac{1}{10}$ 정도를 넘지 않는 것이 적당하다고 해요. 책가방의 무게가 몸무게의 $\frac{1}{10}$ 보다 무거우면 척추뼈에 무리가 되고, 넘어졌을 때도 균형을 잡기 어려워 크게 다칠 수 있어요.

초등학교 1학년
몸무게 : 22킬로그램
책가방 무게 : 2.5킬로그램
몸무게의 $\frac{1}{10}$ = 2.2킬로그램
➡ 책가방이 무겁다!

초등학교 2학년
몸무게 : 28킬로그램
책가방 무게 : 2.5킬로그램
몸무게의 $\frac{1}{10}$ = 2.8킬로그램
➡ 책가방 무게가 적당하다!

꽁멍아, 몸무게의 $\frac{1}{10}$ 은 어떻게 계산해?

몸무게를 10으로 나누면 되지. 만약 몸무게가 20킬로그램이라면, 20÷10=2니까 $\frac{1}{10}$ 은 2킬로그램이 되는 거야.

> 초등학교 3학년
> 몸무게 : 33킬로그램
> 책가방 무게 : 3.5킬로그램
> 몸무게의 $\frac{1}{10}$ = 3.3킬로그램
> ➡ 책가방이 무겁다!

> 초등학교 4학년
> 몸무게 : 37킬로그램
> 책가방 무게 : 3.1킬로그램
> 몸무게의 $\frac{1}{10}$ = 3.7킬로그램
> ➡ 책가방 무게가 적당하다!

내 물건

네 몸무게에 적당한 가방을 내가 준비했어.

이게 뭐야? 사탕 하나 넣으면 끝이겠어.

? 나의 몸무게는 몇 킬로그램인지 써 보세요. 가방의 무게가 몸무게의 $\frac{1}{10}$ 이 적당하다고 할 때, 가방 무게는 몇 킬로그램까지 가능한지 계산해 보세요.

나의 몸무게 [ ] 킬로그램

가능한 책가방 무게 [ ] 킬로그램

정답 : 예) 나의 몸무게가 30킬로그램이라면 책가방의 무게는 3킬로그램

12
2,000원 지폐는 왜 없을까?

오만 원 지폐, 가장 비싸지만 나이는 가장 어려요!

우리나라에서는 4가지 종류의 지폐를 사용하고 있어요.
이 중에서 천 원, 오천 원, 만 원 지폐는 1970년대에 만들어졌어요.
가장 큰 금액인 오만 원 지폐는 2009년에 만들어졌어요.

2로 시작되는 지폐가 있는 나라가 있을까요?

우리나라에는 1,000원, 5,000원, 10,000원, 50,000원으로 4종류 지폐를 쓰고 있어요. 지폐의 첫 숫자가 1과 5로 시작되는 지폐를 쓰고 있지요. 세계 여러 나라들 중에는 2로 시작되는 지폐를 쓰는 나라들이 많이 있어요.

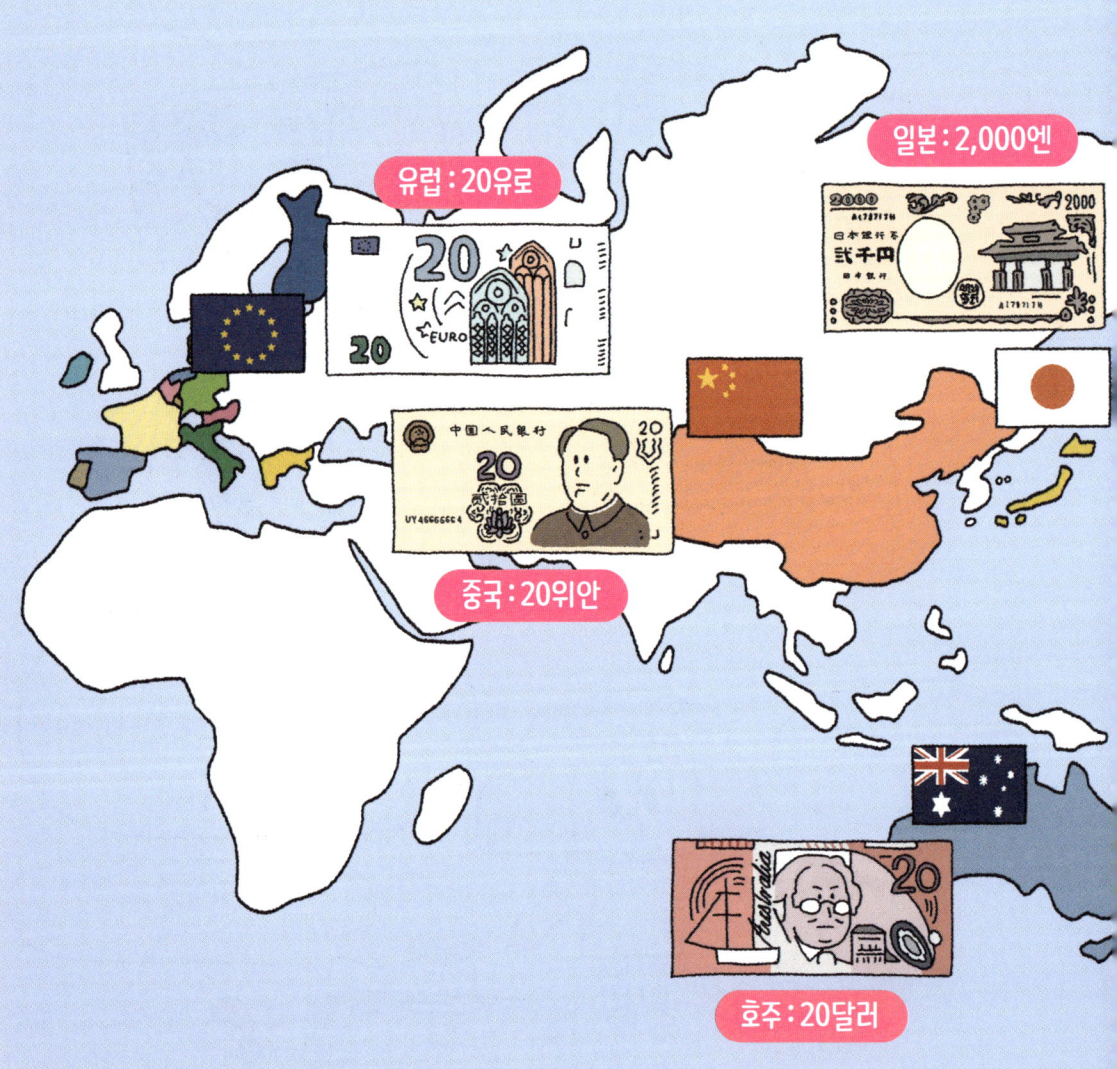

유럽 : 20유로
일본 : 2,000엔
중국 : 20위안
호주 : 20달러

2,000원 지폐가 있다면 어떨까요?

많은 나라에서 '2'로 시작하는 지폐를 쓰고 있는데, 우리나라에는 왜 2,000원 지폐가 없을까요? 만약 2,000원 지폐가 있다면 어떤 점이 좋을지 알아봐요.

10,000원, 2,000원, 1,000원 짜리 지폐로 13,000원인 강아지 인형을 사려고 해요. 세 가지 지폐를 모두 1장 이상씩 사용해서 거스름돈 없이 사려면 각각 몇 장이 필요할까요? 빈칸에 지폐 수를 쓰세요.

정답 : ❶1 ❷1 ❸1

2,000원 지폐가 있으면 지폐 수가 적어서 편하겠어!

맞아. 하지만 지폐 종류를 더 만드는 건 비용이 많이 들어. 요즘 현금 대신 카드나 모바일 페이를 많이 써서 2,000원 지폐가 없어도 불편을 잘 느끼지 않는대.

2,000원 지폐가 있는 경우

13
스마트폰 비밀번호 몇 자리로 만들까?

이런 비밀번호는 안 돼요!

스마트폰이나 컴퓨터를 사용할 때, 비밀번호가 필요해요. 비밀번호는 중요한 정보를 다른 사람이 알 수 없도록 하는 자물쇠 같은 역할을 하지요. 비밀번호 어떻게 만드는 게 좋을까요?

네 자리 비밀번호, 숫자는 모두 다르다고? 그럼 '1234'! 엥? 아니네.

통통아, 비밀번호는 1234 같은 수로 하면 안 돼.

잠깐, 상식!

'1234'나 '1111', '0000'과 같이 규칙이 있는 숫자 배열은 쉽게 생각할 수 있기 때문에 좋은 비밀번호가 될 수 없어요. 또 생일과 같이 자신의 정보를 담은 비밀번호도 좋지 않아요. 규칙이 없는 숫자 배열로 비밀번호를 만들어요.

비밀번호를 사용하는 물건을 찾아보세요!

컴퓨터
컴퓨터에는 중요한 정보가 많이 담겨 있어요. 은행 거래와 같은 중요한 일들도 하기 때문에 비밀번호를 더 복잡하게 만들어요. 숫자뿐 아니라 알파벳, 기호도 함께 써서 만들어요.

스마트폰
4자리 또는 6자리 숫자 비밀번호를 써요. 패턴 잠금이나 지문으로 비밀번호를 대신하기도 해요.

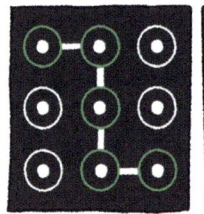

아하, 알겠어! 아무도 알아내지 못하게 안전한 비밀번호를 만들어야지!

숫자는 10개고, 알파벳은 26개인데……, 어떤 암호를 만들까?

TV

영상의 종류에 따라 비밀번호를 입력해 나이를 확인하거나 돈을 지불하는 경우가 있어요. 이때 비밀번호를 사용해요. 4자리 숫자 또는 6자리 숫자 비밀번호를 써요.

현관문

대부분의 현관문도 열쇠 대신 비밀번호를 사용하고 있어요. 4자리보다는 6자리~10자리 비밀번호를 하는 것이 안전해요.

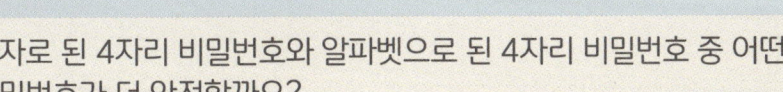

숫자로 된 4자리 비밀번호와 알파벳으로 된 4자리 비밀번호 중 어떤 비밀번호가 더 안전할까요?

❶ 숫자로 된 비밀번호
❷ 알파벳으로 된 비밀번호
❸ 둘 다 똑같다

정답 : ❷

내 물건

네 자리 비밀번호를 찾아봐요!

0부터 9까지의 10개 숫자로 만든 네 자리 비밀번호는 모두 몇 개일까요?

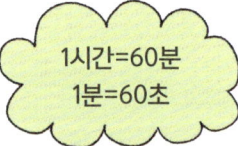

1시간=60분
1분=60초

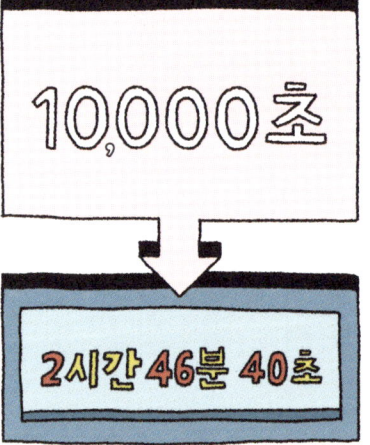

10,000초

2시간 46분 40초

네 자리 비밀번호의 개수는?

0000, 0001, 0002, 0003으로 시작해 ……

9997, 9998, 9999까지 **모두 1만 개의 비밀번호가 생긴다!**

네 자리 비밀번호는 모두 1만 개를 만들 수 있어! 많은 건가, 적은 건가?

통통아, 만약 비밀번호 하나를 누르는 데에 1초가 걸린다면, 네 자리 비밀번호를 모두 누르는 데에 2시간 46분 40초가 걸려.

만약 세 자리 비밀번호라면?

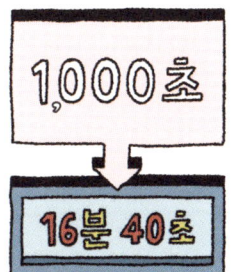

1,000초 → 16분 40초

000, 001, 002, 003으로 시작해 996, 997, 998, 999까지 모두 **비밀번호 1,000개**

만약 두 자리 비밀번호라면?

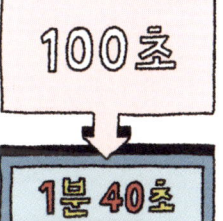

100초 → 1분 40초

00, 01, 02, 03, 04, 05로 시작해 96, 97, 98, 99까지 모두 **비밀번호 100개**

토, 통통아, 내 스마트폰 비밀번호는 9732야.

좀 일찍 알려 주지. 9000까지 다 눌러 봤는데. 엉엉!

? 0부터 9까지의 숫자로 된 4자리 비밀번호 개수는 3자리 비밀번호 개수보다 몇 배 더 많나요?

❶ 2배   ❷ 5배   ❸ 10배   ❹ 100배

정답 : ❸

내 물건

14
마트 물건은 왜 묶어서 팔까?

장바구니가 왜 가득 찼을까요?

마트에 오기 전에 꼭 필요한 먹거리를 종이에 적었어요.
종이에 적은 것만 담았는데, 장바구니가 가득 찼어요.
살펴보니 묶음으로 된 먹거리가 많았어요. 사과도 한 봉지, 계란은 한 상자, 과자도 여러 개가 한 묶음으로 묶여 있었어요.

묶어 파는 물건을 찾아봐요!

통통이의 카트는 왜 가득 채워져 있었을까요?
분명히 꼭 필요한 것만 사려고
종이에 적어 왔는데 말이에요.
통통이의 카트 안을 살펴봐요.

사과 한 봉지

과일이나 채소는 비닐봉지에 담아 파는 경우가 많아요. 개수가 정해져 있지는 않고, 종류와 크기에 따라 달라져요. 사과나 오렌지와 같은 과일은 보통 6~10개 정도를 담아 묶어 팔아요.

달걀 한 판

달걀 한 판은 사각형 판에 30개가 들어 있어요. 한 줄에 5개씩 6줄로 5×6=30(개)예요. 상품에 따라 10개, 15개, 20개 등 다양한 묶음의 달걀을 볼 수 있어요.

내가 좋아하는 곳

조기 한 두름

생선은 종류에 따라 묶음을 표현하는 말이 달라요. 고등어는 2마리를 '한 손'이라고 하고, 조기는 10마리씩 두 묶음, 즉 20마리를 '한 두름'이라고 해요.

요구르트 한 묶음

요구르트는 다른 음료수에 비해 한 개의 양이 적어 한 개씩 팔지 않고, 거의 묶어 팔아요. 크기가 작은 음료라 진열하기도 불편하고 개수를 세는 것도 어려워요.

컵라면 한 상자

컵라면은 상자 안에 여러 개를 넣어 묶음으로 팔아요. 라면은 오래 보관할 수 있고, 컵 모양이라서 상자 안에 묶어 팔지 않으면 옮기거나 진열하기 불편해요.

? '조기 한 두름'은 조기 몇 마리를 뜻하나요?

❶ 5마리　　❷ 5마리　　❸ 15마리　　❹ 20마리

정답 : ❹

왜 묶어 팔까요?

마트에서는 왜 여러 물건들을 묶어 파는 걸까요?
묶어 파는 이유를 생각해 보아요.

물건을 잘 진열할 수 있어요.
요구르트나 컵라면은 흐트러져서 진열하기가 어려워요. 묶어서 팔면 진열하기 편하고, 들고 옮기기도 편해요.

물건 여러 개를 쉽게 셀 수 있어요.
개수가 많을 때 묶음을 만들면, 몇 개인지 쉽게 셀 수 있어요. 묶음이 없다면 1개부터 끝까지 모두 세야 하지만, 묶음으로 되어 있으면 몇 묶음인지 알면 전체가 몇 개인지 쉽게 알 수 있어요.

물건이 깨지거나 상하는 것을 줄일 수 있어요.
과일은 많은 사람들이 만지면 과일의 맛이 줄어들고, 상할 수 있어요. 계란은 깨지기 쉬워요. 과일이나 계란을 묶어 팔면 깨지거나 상하는 것을 줄일 수 있어요.

와, 묶어 파니까 좋네!

불편한 점도 있어. 묶어 팔기 때문에 어쩔 수 없이 여러 개를 사야 하는 경우가 있거든. 필요한 물건보다 많이 사게 되는 점이 불편해.

한편, 물건을 낱개로 팔 때는 어떨까요?

필요한 물건 개수만큼 살 수 있어요.
꼭 필요한 물건의 개수만큼만 살 수 있어서 낭비를 막을 수 있어요. 음식의 경우 한꺼번에 많은 개수를 사면 다 먹지 못하거나, 상할 수도 있는데 그런 걱정을 하지 않아도 돼요.

장바구니에 여러 종류의 물건을 담을 수 있어요.
묶어서 파는 물건은 몇 개만 담아도 금세 장바구니가 꽉 채워져요. 물건을 옮길 때 무겁고 여러 종류를 사지 못할 수도 있지요. 낱개로 물건을 사면 여러 종류의 물건을 장바구니에 담아 살 수 있어요.

낱개로 살 때 불편한 점은 없을까?

있어. 물건이 뒤죽박죽 섞여서 어떤 물건을 샀는지 한 눈에 알아보기가 어려워. 또 개수를 셀 때도 일일이 세야 해서 번거로워!

? 묶어서 살 때의 불편한 점은 무엇일까요?

 ❶ 물건을 싸게 살 수 없어요.

 ❷ 필요한 개수보다 물건을 많이 사게 돼요.

정답 : ❷

내가 좋아하는 곳

15
교통 표지판 모양이 왜 다를까?

'약속'으로 가득한 도로

내가 좋아하는 곳

어린이 보호 구역 표지판
어린이를 보호하기 위해 초등학교, 유치원 근처를 표시해요.

보행자 녹색 신호등
녹색등이 켜지면 보행자는 횡단보도에서 길을 건널 수 있어요.

도로에서 안전하려면 신호등과 교통 표지판 약속을 정확하게 알고 지켜야 해.

그림이 모두 약속이었구나!

속도 30 표지판
자동차의 속도는 시속 30킬로미터를 넘지 않아야 해요.

교통 표지판 모양이 왜 다를까요?

교통 표지판을 살펴보면 여러 가지 모양이 있어요. 왜 표지판의 모양을 다르게 만들었을까요?

사각형
"알립니다!"

사각형 표지판은 주로 무언가를 안내하는 내용을 담고 있어요. 사각형 모양은 생활에서 가장 많이 볼 수 있는 모양이에요.

❶ 주차를 할 수 있어요.
❷ 녹생등이 켜지면 좌회전을 할 수 있어요.
❸ 한 방향으로만 갈 수 있어요.

원
"하지 마세요!"

원 모양의 표지판은 해서는 안 되는 것들을 알려 줘요.

❶ 자전거를 탈 수 없어요.
❷ 시속 30킬로미터를 넘지 않아야 해요.
❸ 걸어서 지나갈 수 없어요.

내가 좋아하는 곳

팔각형 교통 표지판도 있어요!

대부분의 교통 표지판은 삼각형, 사각형, 원 모양이에요.
그런데 딱 한 가지 모양이 다른 표지판이 있어요.

"멈추세요!"를 뜻하는 표지판은 팔각형이에요. 교통 표지판 중에서 팔각형 표지판은 멈춤 표지판뿐이지요. 삼각형이나 사각형은 보는 방향에 따라 모양이 다르게도 보이지만, 팔각형은 어느 방향에서나 눈에 잘 띄어서, 보는 순간 알아차리도록 한 것이에요.

내가 좋아하는 곳

? 교통 표지판이 어떤 약속을 담고 있는지 연결해 보세요.

❶ ❷ ❸ ❹

❺ 좌회전을 할 수 있어요.

❻ 도로가 미끄러우니 조심하세요.

❼ 시속 30킬로미터를 넘지 않아야 해요.

❽ 멈추세요.

정답 : ❶-❻, ❷-❼, ❸-❽, ❹-❺

16 도서관에서 책을 어떻게 찾을까?

책마다 암호처럼 글자와 숫자가 있어요!

도서관의 많은 책 중에서 내가 원하는 책을 한번에 찾는 건 쉬운 일이 아니에요. 보물찾기 같기도 하지요. 도서관에서는 수많은 책을 기준에 따라 정리해요. 모든 책에는 고유한 숫자와 기호가 적혀 있어요. 이것을 '청구 기호'라고 해요. 책에 있는 청구 기호의 뜻을 알면 쉽게 책을 찾을 수 있어요.

내가 좋아하는 곳

'청구 기호'로 책 위치를 찾아봐요!

1단계 '세 자리 수'로 책이 있는 책장을 찾는다!

모든 책은 주제에 따라 10개로 나뉘어요. 청구 기호 맨 앞에는 세 자리 수가 있어요. 백의 자리 숫자를 보고 원하는 책이 10개 중 어떤 주제에 속하는지 알 수 있어요. 세 자리 수 앞에 '아' 또는 '유' 글자가 있는 책은 아동 또는 유아 도서를 뜻해요.

총류	철학	종교	사회과학	자연과학
000	100	200	300	400
기술과학	예술	언어	문학	역사
500	600	700	800	900

제법인데? 정말 탐정 같아!

아하! '아 410'으로 시작하니까 아동 도서가 있는 곳이고, 자연과학 책이 있는 책장으로 가면 되겠구나.

2단계 '도서 기호'로 책의 위치를 알아낸다!

세 자리 수 뒤에 나오는 글자는 책을 쓴 사람 이름의 첫 글자를 나타내요.
<황당하지만 수학입니다>의 저자 이름은 '남호영'이기 때문에 앞 글자 '남'을 붙인 거예요.
뒤에 오는 숫자와 한글 기호는 <리재철의 한글순도서기호법> 규칙에 따라 정해요.

내가 좋아하는 곳

진짜 암호를 푸는 것 같아!

책마다 있는 숫자와 기호들이 다 약속에 따라 정해진 거였네?

남	95 ㅎ - 1
저자의 성	9 : 이름의 첫 자음 'ㅎ'에 해당하는 숫자 9 5 : 이름의 첫 모음 'ㅗ'에 해당하는 숫자 5 ㅎ : 책 제목의 첫 글자 자음 'ㅎ' 1 : 1권부터 5권까지 있는 책 중 1권이라는 뜻

리재철의 한글순도서기호법

자음기호				모음기호 초성이 ㅊ이 아닌 글자		모음기호 초성이 ㅊ인 글자	
ㄱㄲ	1	ㅇ	6	ㅏ	2	ㅏ(ㅐ ㅑ ㅒ)	2
ㄴ	19	ㅈㅉ	7	ㅐ(ㅑ ㅒ)	3	ㅓ(ㅔ ㅕ ㅖ)	3
ㄷㄸ	2	ㅊ	8	ㅓ(ㅔ ㅕ ㅖ)	4	ㅗ(ㅘ ㅙ ㅚ ㅛ)	4
ㄹ	29	ㅋ	87	ㅗ(ㅘ ㅙ ㅚ ㅛ)	5	ㅜ(ㅝ ㅞ ㅟ ㅠ ㅡ ㅢ)	6
ㅁ	3	ㅌ	88	ㅜ(ㅝ ㅞ ㅟ ㅠ)	6	ㅣ	6
ㅂㅃ	4	ㅍ	89	ㅡ(ㅢ)	7		
ㅅㅆ	5	ㅎ	9	ㅣ	8		

도서관에서 책의 위치를 찾아봐요!

도서관에서 3권의 책을 찾으려고 해요. 각각의 책과 책에 해당하는 청구 번호를 나타낸 것이에요. 3권 책의 도서관 위치를 찾아볼까요?

❶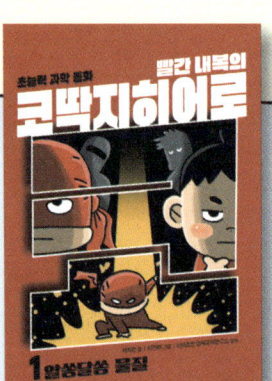

❷

❸

자연과학	기술과학	자연과학
아 400 서 78ㅃ 1-1	아 539 백 34ㅅ -1	아 408 와 68 ㅁ -18=2
400	500	400

❶과 ❸은 세 자리 수의 첫 숫자가 4이므로, <자연과학> 분야의 책이에요. 두 책의 세 자리 수를 비교해 보면 ❶은 400이고, ❸은 408로 400의 수가 더 작아요. 따라서 ㉠의 책이 ❶ '코딱지 히어로 1' 이고, ㉡의 책이 ❸ '미래가 온다, 메타버스'예요.

❷는 세 자리 수의 첫 숫자가 5예요. <기술과학> 분야의 책이에요. 500번 대 책들이 정리되어 있는 책장의 ㉢책이 ❷ '사이다 탐정 1' 이에요.

17
시소를 재밌게 타려면 어디에 앉을까?

시소는 균형 잡기 놀이예요!

시소에 앉은 통통이는 왜 하늘 높이 날아갔을까요? 그건 통통이가 꽁멍이보다 훨씬 가볍기 때문이에요. 시소를 재밌게 타려면 양쪽 무게가 비슷해야 해요. 무게의 균형이 맞아야 하지요.

몸무게가 다른 친구와 시소 재밌게 타려면?

시소를 타는 두 사람의 몸무게 차이가 많이 난다면 시소는 한쪽으로 기울어져 움직이지 않아요. 어떻게 하면 재밌게 시소를 탈 수 있을까요?

시소 닮은 양팔 저울로 같은 무게 만들어 봐요!

양팔저울은 긴 막대 양쪽 끝에 접시가 있고, 가운데에 받침대가 있는 저울이에요. 시소와 비슷하게 생긴 양팔 저울을 찾아보세요.

양팔 저울이 수평이 되도록 양쪽에 같은 무게를 만들어 볼까요?

내가 좋아하는 곳

❓ 무게 차이가 많이 나는 꽁멍이와 통통이가 시소를 타고 놀려면 어떻게 하면 될까요?

① 시소 한 쪽에는 꽁멍이가 타고, 반대편에는 꽁냥이와 통통이가 같이 탄다.

② 꽁멍이는 시소의 바깥 끝에 앉고, 통통이는 시소 중심에 거의 가까운 곳에 앉는다.

③ 통통이는 시소의 바깥 끝에 앉고, 꽁멍이는 시소 중심에 거의 가까운 곳에 앉는다.

❸ : 정답

권말 부록

꽁멍과 통통의 수학 수다 & 퀴즈!

 통통아, 엉뚱한 네 질문 때문에 새롭게 알게 된 게 많았어. 궁금한 걸 하나씩 알아가는 재미가 정말 쏠쏠해. 정말 탐정이 된 것 같다고!

꽁멍아, 그럼 내가 내는 퀴즈 한 번 맞혀볼래? 탐정이 되려면 정말 똑똑해야 하니까 말이야.

 좋아! 자신 있어!

도저히 헤아릴 수 없는 놀라운 일을 말할 때 쓰는 '불가사의'는 아주 큰 수를 나타내는데, 10을 몇 번 곱한 수일까? 그리고 '무량대수'는 10을 몇 번 곱한 수일까?

헉! 첫 문제부터 좀 어려운데? 그래도 내가 확실하게 기억하고 있지. 불가사의는 10을 ① ☐ 번 곱한 수고, 무량대수는 10을 ② ☐ 번 곱한 수야. 맞지?

오호, 제법인데! 그럼 다음 문제는 30분에 60킬로미터를 달리는 자동차가 있고, 1분에 3킬로미터를 달리는 치타가 있어. 누가 더 빠를까?

 그럼 자동차와 치타의 속력을 비교해 보면 되지. 자동차는 30분에 60킬로미터를 달리니까, 1시간에는 ③ ☐ 킬로미터를 달리겠군! 치타는 1분에 3킬로미터를 달리니까 1시간에는 ④ ☐ 킬로미터를 달려. 알았다! ⑤ ☐ 가 더 빨라!

이야~! 꽁멍아, 언제 이렇게 똑똑해진 거야? 내가 알던 꽁멍이 맞아?

 이 정도야 뭘! 헤헤. 통통아, 그런데 머리를 많이 썼더니 좀 쉬어야겠어. 놀이터 가서 놀자. 어서 뛰어!

꽁멍아, 잠깐! 저기 'STOP' 멈춤 표지판이 있잖아. 멈춤 표지판은 모양이 독특해. ⑥ ☐☐☐ 이거든.

통통아, 그건 자동차가 멈추란 뜻이야. 우리 어서 시소나 타자. 네가 나보다 무게가 훨씬 적게 나가니까 너는 중심에서 ⑦ ☐ 곳에 앉으면 돼. 나는 중심에서 ⑧ ☐☐☐ 곳에 앉을게.

역시 똑똑한 꽁멍이 덕분에 시소도 재밌게 탈 수 있네! 그럼 퀴즈 몇 개만 더 내 볼게. 2,000원 짜리 지폐가 있다면 8,000원 장난감을 살 때 지폐 몇 장이면 살 수 있을까?

원래는 5000원 지폐 한 장이랑 1000원 지폐 3장이 있어야 하는 건데, 2000원 지폐가 있다면? 아하, 지폐 2장이면 되겠어!

땡! 꽁멍아, 다시 한번 잘 생각해 봐~! 방심하면 실수한다니깐.

아차차, 실수! 꽁멍이도 실수할 때가 있다고! 다시 천천히 계산해 보니 지폐 ⑨ ☐ 장이면 되네! 맞지?

정답이야! 꽁멍이 정말 똑똑한 탐정이라고 해도 되겠어!

잠깐, 통통아, 너도 내 탐정 조수가 되려면 실력 테스트를 해 봐야겠어. 스마트폰 비밀번호를 숫자 0부터 9까지 숫자로 된 4자리로 만들면 비밀번호는 모두 몇 개가 될까?

그 정도는 알지! 0부터 1, 2, 3, 4, … 9999까지 세면 되니까, 바로 바로 ⑩ ☐☐☐☐☐ 개야.

오~! 통통이 내 조수로 합격! 앞으로 내 말 잘 듣기다!

엥? 좋아해야 하는 건가? 기분이 어쩐지 속은 것 같은데…….

정답 확인 : ①64 ②68 ③120 ④180 ⑤지타 ⑥멀리있는 ⑦가까운 ⑧멀리있는 ⑨3 ⑩10000

꽁냥꽁냥 그림수학 ❶

0층은 왜 없어?

1판 1쇄 발행 2024년 2월 27일 | **1판 2쇄 발행** 2025년 6월 15일
글 장경아 | **그림** 김종채 | **감수** 와이즈만 영재교육연구소
발행처 와이즈만 BOOKs | **발행인** 염만숙 | **출판사업본부장** 김현정 | **편집** 김예지 양다운 이지웅
기획·진행 CASA LIBRO | **디자인** 인앤아웃 | **마케팅** 강윤현 백미영 장하라
출판등록 1998년 7월 23일 제1998-000170 | **제조국** 대한민국
주소 서울특별시 서초구 남부순환로 2219 나노빌딩 5층
전화 마케팅 02-2033-8987 | **편집** 02-2033-8928 | **팩스** 02-3474-1411
전자우편 books@askwhy.co.kr | **홈페이지** mindalive.co.kr | **사용 연령** 8세 이상
ISBN 979-11-92936-32-1 77410 979-11-92936-31-4(세트)

ⓒ 2024 장경아·김종채·CASA LIBRO
잘못된 책은 구입처에서 바꿔 드립니다.
와이즈만 BOOKs는 (주)창의와탐구의 출판 브랜드입니다.
KC마크는 이 제품이 공통안전기준에 적합하였음을 의미합니다.